Jardín
del Mar

reloj de versos

© Derechos Reservados

CIDCLI, S.C.
Centro de Información y Desarrollo
de la Comunicación y la Literatura Infantiles
Av. México 145-601
Col. del Carmen Coyoacán
C.P. 04100, México, D.F.

Dirección General de Publicaciones
del Consejo Nacional para la Cultura y las Artes

Primera edición, abril 1993
Segunda edición, marzo 2000
ISBN 968-494-055-6
ISBN 968-29-4980-7

Impreso en México / *Printed in Mexico*

Reproducción Fotográfica: Rafael Miranda

Coral Bracho
Jardín del Mar
Ilustraciones de Gerardo Suzan

LA MEDUSA

Agua sobre agua vertida,
agua vítrea, agua espectral,
la medusa es sombra, vida,
un fantasma de cristal.

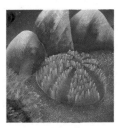

EL ERIZO

Sol de obsidiana, el erizo,
cactus-pez, punzante abrojo,
se oculta sin ser huidizo,
hiere, sin mostrar enojo.

EL CORAL

Flor de piedra, agua de fuego,
luz y alabastro, el coral
es arbusto, es un espliego,
un jazmín de arena y sal.

LA ANEMONA

Llamas de vivos colores
se estremecen dentro de ella,
crisantema de espesores
y transparencias de estrella.

LA RAYA

Como una capa de arena,
que sobre la arena fluye,
vuela ondulando serena
la raya que se escabulle.

LA MADREPERLA

La madreperla en su seno,
generosa, hábil, furtiva,
labra y depura lo ajeno,
y lo envuelve con luz viva.

EL PULPO

Camaleón del mar, espejo
que entre colores se pierde;
de su paisaje es reflejo:
negro, blanco, rojo, verde.

LA ANGUILA ELECTRICA

Látigo ardiente, la anguila
paraliza, ahuyenta, asombra;
rayo que serpea y destila
su mordaz brillo en la sombra.

LA ESPONJA

Quieto animal que florece
e, iluminando agua y rocas,
por mil delicadas bocas
deja que el mar lo atraviese.

EL NAUTILO

Tigre de vidrio, coraza
de un terso y hondo recinto,
enclaustrado laberinto
que su blancura entrelaza.

Jardín del mar se acabó de imprimir en el mes de
marzo del 2000, en los talleres de Gráficas Monte Albán,
S.A. de C.V. Fracc. Agro Industrial La Cruz Villa del Marqués Qro.
El tiraje fue de 3 000 ejemplares y el cuidado de la
edición estuvo a cargo de Rocío Miranda.